LA RVINE DV MAL NOMME',

O V

LE FOVDROYEMENT DV DONION,

FAVSSEMENT APPELLE' DV Droit naturel Diuin ; auec l'abomination de sa memoire, par l'enorme peché de son deffenseur, qui pour le maintenir injustement, s'est declaré ennemy mortel de Dieu, des Roys, & des peuples.

A PARIS.

M. DC. XLIX.

LA RVINE DV MAL NOMME', OV

le Foudroyement du Donjon, fauſſement appellé du droit naturel Diuin, auec l'abomination de ſa memoire, par l'enorme peché de ſon deffenſeur, qui pour le maintenir injuſtement, s'eſt declaré ennemy mortel de Dieu, des Roys, & des peuples.

Attendite à falſis prophetis, qui veniunt ad nos in veſtimentis ouium, intrinſecus autem ſunt lupi, rapaces : à fructibus eorum cognoſceris eos. Matth. cap. 7. verſ. 15.

Reuelatur enim ira Dei de Cœlo, ſuper omnem impietatem & iuſtitiam hominum eorum, qui veritatem Dei in iuſtitia detinent. Rom. cap. 1. verſ. 18.

Hoc erit ius Regis, qui imperaturus eſt vobis, filios veſtros tollet: filios quoque veſtras agros quoque veſtros, ſeruos etiam veſtras, & ancillas, & clamabitis in die illa à facie regis veſtri, quem elegiſtis vobis: & non exaudiet vos Dominus in die illa, quia periſtis vobis Regem. Sam. Cap. 7.

Ne feſtines recedere à facie eius, neque permaneas in opere malo: quia omne quod voluerit, faciet. Eccleſiaſtes. Cap. 8. verſ. 3.

IE ſçauois bien qu'il vous eſtoit impoſſible de reſpondre à la veritable Cenſure de voſtre fameux libelle, ſans nous faire voir, qu'il y auroit ſuffiſamment de l'Aſne Monſieur, en tous les diſcours que vous entreprendrez de nous faire; & ſi ie ne craignois d'offencer les oreilles de ceux qui prendront la peine de lire ce petit ouurage, ie dirois hautement qu'il vous F. Monsieur, auec le mesme instrument dont il se sert pour accommoder, les animaux de vostre espece. Ie n'eusse iamais creu que l'impudence, & vn homme qui ne voudroit pas donner le Sceptre qu'il porte, pour toute la nature crée, eussent peu compatir ensemble, si vous ne me l'eussiez appris par vne response si boufonne & si outrageuse que la vostre. Mais vous auez beau dire, ce baston que vous tenez si precieux, ne sçauroit estre au pis aller entre vos mains, Monsieur le reprouué, que la marque des hommes qu'on loge aux petites maisons, ou du moins qu'on doit coiffer d'vne belle marote. Car de s'imaginer que vous puissiez meriter vn honneur plus excellent, cela n'est pas croyable; à l'ouurage on connoist l'ouurier, & par la parole on iuge de la suffisance de celuy qui parle. N'est-ce pas vne folie extraordinaire de s'amuser à faire imprimer des ouurages si noirs, & si ambigus, où les regles de la Grammaire ne sont pas seulement obseruées? n'est-ce pas estre possedé d'vne estrange manie, que de vouloir discourir de certaine matieres que ce miserable Theologien n'entend pas, & qu'il ne sçauroit iamais cóprendre? N'est-ce pas se rendre le plus abominable de tous les hommes, de s'opposer si demesurement aux volontez de Dieu, de blasphemer à tort contre ses

Oints

Oints-Sacrez, & de fufciter les peuples à fe retirer
de la légitime obeïffance qu'ils doiuent à leur Prince. Qu'il n'entend pas les regles de la Grammaire,
cela fe void affez au frontifpice de fon malheureux
Donjon, lors qu'il dit, du Droit naturel Diuin, il
me femble, fauf meilleur aduis, qu'il deuoit dire,
du Droit naturel & Diuin, s'il ne vouloit pas repe-
ter, du Droit naturel, & du droit Diuin, qui eft vne
excellente figure, de laquelle on fe fert ordinaire-
ment pour donner vne plus noble expreffion à la
penfée, à vray dire fi c'eftoit contre toutes les atta-
ques des ennemis de Dieu, que ce beau Donjon
eftoit eftably ne l'auroit il pas fait conftruire fans
y penfer contre les fiennes propres, veu que ceux
qui n'aiment pas fes Oints Sacrez, fes veritables
Lieutenans, fes venerables Images, ceux qui luy
a pleu d'eftablir en fa place, de fes propres mains,
ceux de qui il tient le cœur, comme vn threfor precieux, qu'il nous commande d'honnorer, de prier
pour eux, de leur obeïr, & de leur eftre fubiets,
ceux de qui il nous defend de mal parler, & ceux
de l'indignation de qui il nous faut garder comme
d'vn grand crime, ne fçauroient aymer en façon
quelconque, celuy qui les a conftituez en cefte dignité Royale. Qui mefprife la creature, mefprife
le Createur, & qui mefprife le Createur, merite de
mourir en ce monde cy, parmy les feux paffagers,
& de viure en l'autre, au beau milieu des flames
inextinguible. Ce mot de Comufade eft vn terme
qui fent fi fort le fripon, que j'aurois tort de my
amufer d'auantage. Outre cela, le Verfet qu'il ra-

B

porte de S. Paul, efcriuant aux Romains, Chapitre premier, fait fi fort contre luy, que vous diriez que le Saint Efprit le luy a dicté pour le confondre. C'eft la raifon pour laquelle ie l'ay mis en fuitte de celuy de Saint Matthieu, veu qu'ils s'accordent fi bien tous deux pour la deffenfe de noftre caufe. Apres ceux-la i'en ay mis encore quelques autres que i'ay tirez de Samuel, & de l'Ecclefiafte, pour luy faire voir, par qui eft ce que les Roys ont efté receus, & le pouuoir que ce Souuerain Seigneur leur a donné fur les peuples. Si cela le choque fi fort qu'il nous le tefmoigne, ie luy confeil de former vn appel comme d'abus, contre celuy qui les a eftablis, dans vne puiffance fi abfoluë: mais c'eft trop long-temps s'amufer fur le frontifpice d'vn libelle fi ridicule; paffons outre & iugeons du refte. Monfieur, dit-il, ie vous auois bien aduerty que le mets par moy propofé, eftoit de dure digeftion, à des efprits Cacochifmes comme le voftre, voilà vne diction bien pompeufe & bien magnifique pour vn homme de fa forte. Voila debuter d'vne eftrange façon pour vn efprit fi fçauát que le fien, & qui fe veut mefler de difcourir fur des matieres qui luy font inconnuës. Voicy defia vn beau fuiet à faire l'office du Grammairien de Samotrace, ou pour le dire fans biaifer, à faire dignement l'Ariftarque. Ie ne croy pas qu'vn crocheteur n'ait de façons de parler bien plus nobles, & bien plus raifonnables que les fiennes. S'il difoit, ie vous auois bien aduerty, que le mets que ie vous auois propofé, au lieu de dire par moy propofé, l'elocution en

seroit bien plus nette & plus intelligible ? mais le
sens n'en seroit pas pour cela ny plus excellent , ny
plus sublime. Ie n'ay iamais oüy dire, qu'vn mets
seulement proposé fust de dure digestion , veu
qu'on n'en a pas encore mangé ; si ce n'est qu'il
veuille que l'opinion exerce l'office de la chaleur
naturelle ; sur la priuation, ou sur le non-estre des
choses, ny que ce soit le propre effet de l'esprit de
cuire les alimans, qu'on donne au corps pour sa
subsistance, veu qu'il n'en mange iamais, ou s'il se
figure pour se parer des mets spirituels, il faut qu'il
face aussi pareillemét des estomacs, des digestions,
des tripes, & des boudins de mesme nature ; fixion
assez plaisante , & digne de ce grand homme.

Ie luy demanderois volontiers s'il a iamais estu-
dié, & s'il est deuenu Theologien tout d'vn coup,
sans auoir rien sçeu aux principes d'vne science
toute mysterieuse & toute Diuine. Il n'est pas possible qu'vn homme qui ignore la Logique, & la
Grammaire, comme nous auons desia remarqué,
puisse estre fort adroit à traiter des matieres de si
haute importance. S'il eust bien entendu la defini-
tion des choses, il auroit sçeu que la Cacochimie,
n'est qu'vne corruption des humeurs de nostre
corps, qui vient ou du mauuais regime du viure
que l'on reçoit, ou de la mauuaise disposition de
quelque viscere contracté depuis longues années :
& il sçauroit aussi par consequent que les esprits se
trouuent exemps de ces infirmitez corporelles, l'v-
sage en cela, ne peut passer que pour vn sot, s'il ne
donne pas lieu à la raison , d'estre de sa partie. Cer-

tes si l'on trouuoit autant de lignes que de fautes dans son discours, encore seroit il en quelque façon excusable.

Mais qui eust pensé dit il, qu'vn si illustre Grammairien, eust emoussé la pointe de son art contre vn suiet si traitable? & qui ne se pasmeroit de rire, entendant censurer vne chose, que l'on accorde en partie, & que l'on confesse ignorer en l'autre: sans doute la cause en est tres grande, voire mesme inaudite; Comment ce libelle est il fameux, s'il n'est entendu? Comment le destruire s'il n'est sapé? par quel endroit le saper, que par ses fondemens? où les prendre, si ne sçauez où ils sont? ce qui me fait croire que ce qu'en dites, n'est que pour dautât plus faire redouter la pretédue force de vostre bras, laquelle Dieu aydant & sa sainte mere, se trouuera bien-tost eneruée, parce que vous nous promettez encore de mieux faire, si l'on iase; vostre bonne humeur se trouuant toute regayée de la rosée de ce Printemps: de l'effect de laquelle vous nous ferez part, s'il vous plaist.

N'est ce pas là vn style bien florissent & plein d'artifice? N'est ce pas la vn style graue, maiestueux, & sensible à l'oreille? N'est ce pas la vn style bien coulant & bien lié, diuersifié de quantité de pointes d'esprit, sans obscurité & sans bassesse? N'est ce pas la vne façon de parler tout à fait embellie, & tout à fait animée par de tres excellentes raisons, & par des sentences dignement releuées? N'est ce pas la vn style, où le brillant des figures & la iustece des periodes, font de rauissantes im-

pressions

preſſions ſur l'eſprit des hommes? N'eſt-ce pas la
vn diſcours, capable d'exciter dans l'eſprit du Lecteur des moyens conformes à la creance qu'il pre-
tend luy auoir donnée? Notez de grace ces mots,
émouſſé la pointe de ſon art, comme ſi les arts
eſtoient des choſes pointuës, voire meſme inaudite; voila vne façon de parler bien genereuſe, ſaper
vn libellé, eſt encore vn terme bien raiſonnable,
où les prendre, ſi ne ſçauez où ils ſont, & où eſt le
verbe, Monſieur le Docteur, qui doit regir le no-
minatif; Ce qui me fait croire que ce qu'en dites,
eſt encore la meſme choſe, laquelle Dieu aydant,
& ſa ſainte mere, eſt auſſi vne maniere de diſcourir
aſſez ſainte, & de laquelle ma nourriſſe ſe ſert or-
dinairement, lors qu'elle veut dire les choſes de
meilleure grace. Se trouuera bien toſt eneruée, ce
mot d'eneruée, eſt vn mot fort ſignificatif, & qui
ne ſonne pas mal à l'oreille: Si l'on iaſe, n'eſt il pas
rauiſſant: & ce mot de regayée, ne vous fait il pas
regayer, auſſi gaillardement qu'il le regaye.
Si ie voulois faire vn volume de trente ou trente-
cinq feüilles, ie n'aurois qu'à luy reſpondre auec la
meſme ſincerité que ie luy ay reſpondu aux trois
premieres lignes. Mais comme c'eſt vn diſciple in-
grat, qui ne paye ſon Precepteur que d'iniures, il
peut bien prendre la peine d'oreſnauant de s'in-
ſtruire tout ſeul, ou de chercher vn autre maiſtre.
Voicy de grace, Cher Lecteur, l'endroit où i'ay
emouſſé la pointe de mon art, à ſon compte, Voyós
ſi vous ſerez de mon aduis, ou ſi vous le iugerez

C

aussi intelligible, qu'il le croit estre. Prenez la peine d'en estre le iuge, ie vous en supplie.

C'est pourquoy on se contentera seulement de vous laisser ces deux passages à digerer: car les affaires du temps, qui exercent les beaux esprits, ne sont de la nature de celle que traitez; n'ayans point de Roy agissant: & tous les pretendus Ministres, ne s'en pouuans vendiquer la puissance, non plus que la sagesse: Mais simplement suiure les loix de l'Estat. Ce dernier Atribut entre tous les autres, luy deuant, selon Salomon, estre infus, Prouerb. Chap. 16. Vers. 10. Et partant à sa seule Majesté reseruée, pour luy donner vn si grand, & terrifiant éclat, que d'vn simple trait d'œil, suiuant le mesme Autheur, Verset 8. du 20. Chap. desdits Prouerbes; elle soit capable d'écarter & dissiper toute sorte d'iniquité.

Faites-moy la faueur de me dire où est l'art qui n'emousseroit pas là sa pointe, pour me seruir du terme de ce falot, s'il en fut vn au monde. Depuis ce dernier Attribut, n'est ce pas là vn veritable Cocq à l'Asne? quoy que le surplus ne soit pas fort intelligible. N'ay-ie pas raison de dire apres cela, que sa replique est bien innocente? & que s'il se fut expliqué plus nettement, que i'aurois continué à luy respondre, ie vous fais iuge, mon cher lecteur, d'vn different dont ny luy, ny moy, ne sçaurions estre que les parties.

Cependant parlons d'affaires le plus succintement qu'il sera possible, dit-il, encore: car aussi bien ay-ie reconnu, que c'eſt voſtre methode, en alongeant le parchemin, comme l'on dit, *ad forti-ter brouillandum & captandum ſotreos*: ſçauoir pour bien battre les buiſſons ſans rien prendre que les dupes, adreſſe ſingulier des foibles & poltrons. Ou eſt le pronont, de qu'il ſera poſſible, Monſieur le Docteur: Il me ſemble que, qu'il nous ſera poſſible feroit mieux dit, & de meilleure grace, ce n'eſt pas encore ſçauoir la langue Françoiſe, de dire c eſt voſtre methode en alongeant le parchemin, il faut dire, c'eſt voſtre methode d'aloñger le parchemin; ſçauoir en cet endroit là ne vaut rien du tout, non plus que ſon Latin; & bien battre les buiſſons ſans rien prendre que les duppes, eſt encore dire la plus grande ſotiſe du monde, il monſtre bien qu'il n'eſt pas moins igorant en chaſſe, qu'en Grammaire: car les duppes comme luy ne ſe prennent pas dans les buiſſons : ce ſont des animaux qui marquent auoir plus d'eſprit qu'il n'en a pas; puis-qu'ils ne ſe produiſent point de leur propre mouuement, pour leur defaite. Auſſi s'eſt-il pris luy meſme en cette rencontre, comme vn lâſche par ſon addreſſe ſinguliere, ainſi qu'il le dit fort bien luy-meſme; quoy qu'adreſſe ſinguliere ſoit vne auſſi ſotte façon de parler que la precedente.

Voicy comme il continuë. De quelle Prophetie, ie vous ſupplie eſtes vous animé d'auoir preueu de ſi loin les deux derniers libelles, pour les cenſurer dés le meſme iour de la lettre d'Auis, auät qu'ils fuſſent conçeus? ie ſuis certain qu'elle n'eſt ny d'en-haut ny d'enbas ; n'agiſſant en faueur du premier : & tous les Diables ne preſumans ſur les penſées des mortels, par conſequent vaine & faſtueuſe.

C'eſt icy où ie trouue que noſtre ignorant croit auoir dit des merueilles. De quelle Prophetie ie vous ſupplie eſtes vous animé, il ſemble qu'il veuille faire des Vers Burleſques, auec ſa Prophetie & ſon ſupplie : & ſi c'eſtoit le propre de la Prophetie d'animer l'homme à la preuoyance, ie luy pardonnerois le reſte ; la Prophetie n'eſtant que l'eſſet des choſes preueuës, ne ſçauroit eſtre par conſequent le motif, ou le principe de preuoir, quoy qu'il en puiſſe dire, ce qui me fait croire, que c'eſt vn homme moins preocupé de ſon ſçauoir, que de ſa ſuffiſance. Voyez encore ſon incongruité, de quelle Prophetie eſtes vous animé d'auoir preueu ; pour dire de quelle Prophetie eſtiez vous animé d'auoir preueu ! Il confond le preſent & le paſſe dans vn meſme inſtant, tant il eſt adroit en toute ſorte de ſciences. Apres pour cenſurer les deux derniers libelles, dés le meſme iour de la lettre d'Auis, n'eſtás pas encore conceus, eſt vne ſuppoſition tres fauſſe, ſi l'on prend la peine de lire la preface, qui eſt au commencement de la veritable cenſure que i'en ay faite, on trouuera que ie dis que la reſponſe à la lettre d'Auis auroit paru le meſme iour, & cela n'eſt pas moins poſſible, que la reſpoſe qui fut faite à vn liure in quarto du pere Petau, laquelle fut miſe en vente preſque auſſi toſt que ſon ouurage.

le sçay bien mieux que luy, & mieux qu'il ne le
sçaura iamais, comment est-ce que cela se peut faire? Vous trouuerez que ie dis en suitte que du depuis en ayant esté detourné, par des sentimens qui
paroissoient assez raisonnable; Mais voyant qu'on
s'estoit mis en peine de luy respondre & de la refu-
ter d'assez mauuaise grace ; & qu'outre cela on a
fait encore vne replique à celuy qui venoit de la
censurer ; ie croirois estre indigne de viure, si ie
laissois perdre vne si belle occasion, que celle de
les desabuser tous trois ensemble. S'il eust conside-
ré ce mot du depuis, & voyant qu'on s'estoit mis
en peine, & qu outre cela on a fait encore vne replique, il n'auroit pas esté si sot qu'il est, d'imposer
des faussetez à son Precepteur, & de reconnoistre
ses bien-faits, par des outrages, où la confussion
du disciple se trouue si manifeste. Ainsi il auroit
veu qu'il ne m'estoit pas necessaire d'auoir esté animé ny d'en haut, ny d'en bas, & moins encore du
milieu, pour ne Prophetiser que de la sorte, c'est
sans doute qu'vn homme qui ne sçait pas bien parler François, comme nous auons fort bien remarqué, à beaucoup de peine à l'entendre. Suffit qu'il
confesse que l'homme animé de l'esprit de Dieu,
peut deuiner ce qui est de plus mysterieux, & mesmes ce qui n'est pas, en la mesme façon qu'il peut
estre, par le moyen d'vne intelligence anticipée.
Saint Paul nous asseure que l'art de Prophetiser est
vn don du Saint Esprit, conferé à qui bon luy semble: & S. Pierre dit, que ceste sorte d'agir n'est pas

suiette aux declarations particulieres, n'estant
qu'vne volonté Diuine. Il est vray qu'il y a de cer-
tains Prophetes comme vous, qui par leur fausse
doctrine presument de sçauoir beaucoup, & d'a-
noncer au nom de leur vaine suffisance, milles paroles d'iniquité, pour satisfaire à leur presomption
& à leur vaine gloire: mais ce n'est pas de l'authorité de ceux-là, que le peuple se doit seruir pour fai-
ro son repos & son salut, leur reprobation est trop
manifeste, & leur confusion trop euidente. Quand
le Prophete, dit la Sagesse infinie, vous faira entendre quelque chose au nom du Seigneur, & que sa
prediction n'arriuera pas de la sorte qu'il l'aura faite; asseurez vous que c'est vne pure inuention de
celuy qui ne vise qu'à tirer les sujets de l'obeïssance
qu'ils doiuent à leur souuerain, & qu'à plonger les
ames dans vne perte tres abominable. Vous voyez
bien par là, si tous les Diables peuuent presumer
sur les pensées des mortels, & si leur Prophetie est
vaine & faltueuse, comme vous venez de dire, ces
termes sont si beaux que ie les repete encore vne
foix, pour obliger le Lecteur à considerer leur si-
gnification, & leur excellence.

Vostre priere est tres bonne, dit-il encore, mais
ie l'apperçois hypocrite, (voila vne contradiction
tres manifeste, bonne & hypocrite, si ce n'est qu'il
veüille que l'hypocrisie soit vne bonne chose) tout
ainsi que celle de Bezé, lors qu'il commença à semer son heresie, ce commença à semer, fait vne
tres-rude Cacophonie; outre que s'il prend l'hy-

pocrisie pour estre vne bonne chose, l'hypocrisie de Beze estoit donc bonne. Les œuures de l'vn & de l'autre, le faisant ainsi iuger. Ie luy demanderois volontiers où est la reference & la suite de toute cette ligne, & quel sens il tire de ce l'vn & l'autre le faisant ainsi iuger : Mais passons par dessus toutes badinneries, & venons au criminel, il dit que ie maintiens le plus abominable gouuernement qui fut de long temps, qui puisse aprocher de plus prés celuy de l'Ante-Christ. Iugez de là s'il est bon Chrestien, & s'il fait bien ce que Dieu luy commande. Sa Diuine Majesté ne veut pas qu'on parle mal de nos Magistrats, ny de nos Superieurs en façon quelconque. Elle veut qu'on les ayme, qu'on les honnore, & prie pour eux. Voyez s'il vous plaist, ce n'est pas là faire ce qu'il ordonné de fort bonne grace? n'est ce pas là filler sa corde en parlant, & chercher vne fin bien glorieuse.

C'est vous, Monsieur nostre Correcteur, qui par vostre grand & sourcilleux frontispice, semblez étonner, mesme foudroyer ce qui vous resiste : mais vostre dessein ne tendant qu'à la ruine de Iupiter, ie veux dire le grand Dieu tonnant & foudroyant, ne manquerez de son foudre pour vous reduire en poudre : ne le prestant qu'à ses veritables seruiteurs, pour le vanger de ses ennemis, & de ceux de son peuple ; non plus que le glaiue à double tranchant de sa parolle, la langue desquels en estant acerée, ne manque de fil pour contredire & confondre l'iniquité.

Repaſſons cette ſection vn peu mieux que la precedente; quoy que l'occupation m'en ſoit tres ennuyeuſe, ne trouuant qu'vn nombre infiny de ſottiſes en tout ce libelle. Que veut dire Monſieur l'ignorant, ſourcilleux frontiſpice; auez vous iamais veu des frontiſpices ſourcilleux, en quelque part du monde que ce puiſſe eſtre, où prenez vous des epithetes ſi mal appropriées à leur ſujet : mais voſtre deſſein ne tendant qu'à la ruine de Iupiter, ie veux dire le grand Dieu tonnant & foudroyant, ne manquerez de ſon foudre pour vous reduire en poudre. Voila vne repriſe bien excellente, & digne d'eſtre conſiderée : comme ſi l'on pouuoit tendre à la ruine de Dieu, & que cét Eſtre Eternel fur d'vne nature periſſable. Ne manquerez de ſon foudre pour vous reduire en poudre ; pour dire ne manquera pas de ſe ſeruir de ſa foudre pour vous reduire en poudre, qui ſont deux rimes bien riches & bien faites. Ne la preſtant qu'à ſes veritables ſeruiteurs, pour le vanger de ſes ennemis, comme ſi la foudre eſtoit maniable aux hommes : & comme s'il n'eſtoit pas du nombre des ennemis de Dieu, de parler mal des Roys & de ſuſciter ſes ſujets à ſe retirer de leur obeiſſance. Non plus que le glaiue à double tranchent de ſa parole, cette façon de diſcourir eſtoit bonne iadis, pour parler à ſa mode : mais à preſent elle eſt vn peu ridicule, la laague deſquels en eſtant acerée : Notez ie vous prie vne langue acerée ſur vn glaiue à double tranchent de la parole. N'eſt-ce pas là vn galimatias bien fait, & vne

vne fotife bien inuentée. Ne manque de fil pour contredire & côfondre l'iniquité; il faudroit donc dire felon fon fens, ne manquera pas, pour éuiter de faire vne incongruité. Vne langue ne manquera pas de fil pour contredire : comme fi l'on contredifoit auec du fil, & que les raifons dont nous auons accouftumé de nous feruir pour cela, y fuffent inutiles.

Puis que ie me mefle d'arguer l'vn & l'autre Cenfeur; il m'eft, fe femble, loifible de m'inftruire par leurs refponfes, pour leur donner fujet de fouftenir leurs propofitions : & non me preualoir; mais leur faire voir leur erreur; ainfi que vous mefme reconnoiffez au fujet d'Helie : & confefferez Dieu aydât, en celuy de Samuel : qui ne fut le premier homme de Dieu depuis Moife, pour conduire Ifraël, Ierobaal, Badam & Iephté l'ayant precedé : & ne s'eftant trouué feul Prophete dans fon temps : autrement ce Prouerbe, *etiam Saül inter Prophetas,* feroit faux, prophetifant auec eux, au retour de fon Onction Royale, dans la recherche des Afnes, Monfieur, & par confequent bon, & non mauuais comme vous dites.

Arguer, eft def ja vn vilain mot, au fentiment de tous ceux qui fe connoiffent en la delicateffe de la langue Françoife. On ne dit pas auffi ce femble, il faut dire s'il me féble, & non me preualoir, pour dire & non m'en preualoir, ainfi que vous mefme reconnoiffez, ce mefme, eft la vne diction fuperfluë, & confefferez, pcur dire, & vous confefferez, s'il estoit en classe, on luy demanderoit où est le pronom, comme il luy faut demander quelquefois où est le verbe, & confesserez Dieu aydant que Samuel ne fut le premier homme de Dieu depuis Moyse, pour conduire Israël, voila encore le mesme pronom oublié.

Outre la fausseté qu'il inuente, de vouloir que i'aye dit, que Samuel fut le premier homme de Dieu apres Moyse, pour conduire les Israëlites : s'il eut pris le soin de bien considerer le sens de ce passage, il n'auroit pas fait vne si sotte repartie, i'ay dit, & le dis encore, afin qu'il n'en pretende cause d'ignorance, que Samuel fut le premier Prophete apres Moyse, attendu que l'Ecriture Sainte, qui doit estre le veritable iuge de nostre differend, ny mesme pas vn de tous les historiens ny curieux ny prophanes, ne nous instruisent pas du contraire; Et voicy à peu pres les noms de tous ceux qui l'ont precedé dans le gouuernement du peuple Hebraïque.

Moyse Diuin Legislateur, admirable Prophete, tres excellent Historiographe, & autheur de la Loy Iudaïque. Iosué veritable figure de Iesus-Christ. Iuda fils de Iacob & de Lia. Debora Prophetesse & Lapidots son mary. Gedeon autrement Ieroboas ou Ierobaal, de la Tribu de Manasses. Abimelech Roy de Sichem. Thola Prince & iuge tout ensemble. Iair de la lignée de Manasse. Iephte, fils bastard d'vn Galaadite. Othoniel frere de Caleb. Ahod esleu de Dieu. Samgar homme vaillant. Abezan, pere de soixante enfans. Ahialon de Zabulon. Abdon fils de Hillel, & Samson le fort. Si bien que le passage. *Post hæc veniens in collem Dei, vbi est statio Philistinorum : & cùm ingressus fueris ibi vrbem obuium habebis gregem Prophetarum descendentium de excelso, & ante eos Psalterium & tympanum*, & le reste. Ne fait rien contre ce que ie dis, attendu que ce ne fut que l'ong-temps apres, que Samuel eust commencé de Prophetiser, & qu'il eust dresse vne échole de Prophetes, qui fust comme successiue entre les Iuifs, si Genebrard Archeuesque d'Aix, & homme tres sçauant és lettres Saintes & Hebraïques, n'est aussi imposteur, que nostre nouueau Philosophe.

Il est vray dit-il encore que dés les premieres demarches criez victoire : mais la fin couronne l'œuure, vostre auant-garde fait merueilles, ie le confesse : mais c'est en faueur de vos ennemis : & vous cause tel & si grande desroute, que le cœur vous en manquant auec Spasme, le reste demeure à l'abandon ; les ventricules de vostre cerueau, ne s'estans trouuez de disposition requise, pour bien digerer ce morceau, l'auarice & l'iniustice flateresse les ayans peruertis.

C'est icy où il croist nous donner du plat le drolle : mais c'est vn fin Asne, à ce que i'en puis connoistre. Voyez comme il nous exalte pour nous humilier en suitte à sa mode. Apres nous auoir persuadés de crier victoire dés les premieres desmarches, il dit que nostre auant garde nous cause vne telle

& si grande desroute, que le cœur nous en manquant auec Spasme, le reste demeure à l'abandon.
Voila vn homme qui entend bien les termes de la
medecine de dire que le Spasme vient du manquement de cœur, & c'est au contraire : car l'espasme
est vn retirement de nerfs, qui cause vne conuul-
sion de membres, & des deffauts de cœur : ou si ie
ne me trompe, il dit, que le cœur nous en manque
auec Spasme, comme si le cœur auoit des nerfs,
des membres & vn autre cœur dedans luy, pour
estre sujet à toutes ses maladies. Le reste demeure
à l'abandon, comme si apres le tout, il y auoit encore quelque chose de reste, veu que l'espasme est
vne maladie vniuerselle de la personne toute entie-
re. Les ventricules de vostre cerueau, ne s'estans
trouuez de disposition requise, pour bien digerer
ce morceau : de sorte que l'espasme estant vne maladie vniuerselle, ie trouue qu'il n'y a point de morceau à digerer, ou s'il y en a quelqu'vn, ce n'est
pas le propre du cerueau de digerer des morceaux,
& puis il y a cerueau & morceau qui riment assez
bien ensemble, il dit encore que l'auarice & l'iniustice flateresse, ont peruertis les ventricules de
mon cerueau apres qu'il a dit auparauant que le
manquement de cœur auec le Spasme, en estoient
la cause. *Beati pauperes spiritu*, dit Saint Mathieu,
en son Chap. 5. ie ne sçay s'il entend parler de ceux
qui sont aussi sots que luy, lors qu'il leur promet la
beatitude eternelle.

Car reconnoissans que l'histoire de Roboam,
par

par moy premierement que vous citée & cotée,
auec les paſſages des 16. 17. & 20. Chapitres & ver-
ſets 10. 26. & 8. des Prouerbes, ſappoit vos rem-
parts, & ruinoit de fond en comble voſtre deſſein,
la receuez frauduleuſement, pour luy couper la
gorge : & voyant les autres trop forts, ſçauoir leſ-
dits paſſages, les eſquiuez ſans dire mot, ſinon que
ne les connoiſſez pas : aymant mieux (crainte de
donner de la gloire à Dieu, en confondant ſes ennemis, par la reuelation de la verité) paſſer pour
ignorant, que veritable : dont ſi ny prenez garde,
la recompenſe vous eſt auſſi certaine la bas, que
celle des Demons.

N'eſt-ce pas là encore vne grande impudence,
de dire qu'il a cité l'hiſtoire de Roboam, & pour
vous faire iuges ſi cela ſe doit appeller citer vne hiſtoire, voicy de quelle façon il l'a cité. Vous auriez
apris le meſpris que firent les Iſraëlites de Roboam, & comme ils choiſirent Ieroboam pour
leur Roy, pour ne les auoir pas voulu ſoulager des
miſeres où feu ſon pere les auoit mis, ſi c'eſt citer
vne hiſtoire il a raiſon, & moy i'ay tous les torts du
monde. Les hiſtoires ſeroient bien aiſées à citer &
à faire, ſi elles n'auoient pas plus d'eſtenduë. Il dit
encore qu'il a citez & cotez les paſſages des 16. 17.
& 20. Chapitres des Prouerbes, de Salomon. Et
quand il auroit fait les choſes comme il ſe vante de
les auoir faites, quel auantage voudroit il tirer de
cela : i'ay veu dans pluſieurs conferences, de
Couteliers & de Tailleurs, les citer auec plus de

grace qu'il ne sçauoit faire. Vn nombre infiny de
sots, les ont citez auant luy, & vn nombre infiny
d'ignorans comme luy, les citerons mieux qu'il n'a
pas fait, deuant que la fin des siecles arriue. Ie suis
bien assuré qu'il n'a iamais parlé du 17. dans son libelle, & voicy l'eloquence auec laquelle il raporte
les deux autres.

C'est pourquoy on se contentera seulement de
vous laisser ces deux passages à digerer : car les affaires du temps qui exercent les beaux esprits, ne
sont de la nature de celles que traittez, n'ayant
point de Roy agissant, & tous les pretendus Ministres, ne s'en pouuant vendiquer la puissance, non
plus que la sagesse : mais simplement suiure les loix
de l'Estat. Ce dernier Atribut entre tous autres,
luy deuant, selon Salomon, estre infus. Prou. ch.
16. Vers. 10. & partant à sa seule Majesté reserué,
pour luy donner vn si grand & terrifiant éclat, que
d'vn simple traict d'œil, suiuant le mesme Autheur
vers. 8. du 20. ch. desdits Prouerbes, elle soit capable d'escarter & dissiper toute sorte d'iniquité.

N'est ce pas là citer des passages de bonne grâ-
ce, les Oracles du temps passé n'estoit pas si ambigus, & les Propheties de Nostradamus, ont quelque chose de plus intelligible. Si ie voulois coniu-
rer les Demons, ou guerir facilement des fievres,
ie ne voudrois faire que trois ou quatre signes de
Croix, & me seruir des mesmes paroles. Mais re-
passons encore vne partie de ce que nous venons
de dire, pour le corriger d'vne autre sorte. Voyla

receuoir son histoire, comme il dit, frauduleusement pour me couper la gorge. Si vne histoire tran-
choit comme vn rasoir, il auroit quelque raison de
se seruir de ces termes: mais le pauure homme, il
ne sçait là où il en est, ny ce qu'il en doit dire. Voyãt
les autres trop forts, sçauoir lesdits passages, n'est-
ce pas là vne reprise digne de ce grand genie, les
esquiués sans dire mot, sinon que ne les connoissez
pas. Pour dire & vous les esquiuez sans dire mot,
montrant que vous ne les connoissez pas. Voila
deux pronoms oubliez, qui font toute la grace de
nostre elocution Françoise. Il faut qu'il sçache que
l'elocution est vn chois des paroles ou des vocables
bien choisis, pour exprimer naïfuement & auec
grace, les choses que l'on veut dire, laquelle on
peut embelir de sentences, de figures, de tropes,
de comparaisons, de similitudes, d'epithetes, &
d'autres diuers ornemens de l'eloquence. Aymant
mieux crainte de donner gloire à Dieu, en confondant les ennemis, par la reuelation de la verité, passer pour ignorant, que veritable. S'il disoit crainte
de donner de la gloire à Dieu, seroit beaucoup
mieux s'il me semble, veu que de de, particule, &
ce la article, y sont tres necessaires, en confondant
ses ennemis par la reuelation de la verité. Il semble
en parlant pour moy contre luy, qu'il se face son
procez luy mesme: car la verité de soy est vne Deés-
se si presente, qu'elle fait parler insensiblement
ses ennemis pour les confondre, ne pouuant agir
contre elle, comme dit fort bien saint Paul, escri-

uant aux Corinthiens en sa 2. Epist. Passer pour
ignorant, que veritable, au lieu de dire passer pour
ignorant que pour veritable, dont si ny prenez garde : voilà encore vn vous oublié contre les regles
de la Grammaire. La recompense vous est aussi
certaine là bas que celle des Demons. Il me semble que quand il auroit dit la recompence vous en
est aussi certaine, ne seroit pas si mal, outre que ce
n'est pas parler en bon Chrestien, puis que Iesus-
Christ luy defend de iuger son prochain, & qu'il
sera mesuré de telle mesure qu'il mesurera les autres.

N'est-ce pas là luy couper la gorge : que de le denier faire pour mon sujet ? Mais n'est ce pas manquer de iugement, qu'en ce faisant, vous confessez pourtant, qu'il fut chastié de Dieu pour auoir
suiuy le mauuais conseil, & mal traité son peuple
de parole seulement ? n'aperceuant pas, ou le dissi-
mulant, que par consequent il n'estoit de maistre, en
faisant mal : mais le peuple, qui le luy témoigna bien,
en le mesprisant, & assommant son Sur-Intendant.
A dure quelque denonciation qu'il eut faire du
temps de Saül, au droit des gens : iceluy ne se pouuant iamais ny prescrire ny ceder : dont Dieu fut
tres contant, aussi bien que de la reuolte de Ieroboam contre Salomon : quoy que pour chose legere, ne leur ayant premierement insigné la rigueur
& la tyrannie par vous raportée : que pour les diuertir de leur dessein d'auoir vn Roy, à cause des
excez que telles personnes ont accoustumé d'exer-

cer

cer sur les peuples : desquels pour l'affection qu'il
leur portoit, il les desiroit exempter : & dont il n'eu-
rent sujet de se plaindre, pendant le regne dudit
Saül ne leur ayant fait aucun tort, ains au seul Dauid.

N'est ce pas là luy coupper la gorge, que de la
denier faire pour mon sujet ? que veut dire cela de
grace, où est la reference de ce n'est ce pas là luy
couper la gorge : s'il la faut aller chercher, le che-
min en est si long, que cela oste l'enuie au lecteur,
de se vouloir instruire du lieu où elle peut estre : outre que ce n'est pas sçauoir mettre sa phrase dans le
tour qu'il faut donner à la langue Françoise. Mais
n'est ce pas manquer de iugement, qu'en ce faisant vous confessez pourtant. Voilà trois mots de
suitte qui terminent par ant, qui est vn grand vice
en la langue Françoise. Qu'il fut chatié de Dieu,
pour auoir suiuy le mauuais conseil des ieunes, &
mal traitté son peuple. Ouy ie l'ay confessé & le
confesse encore : mais ie ny ay pas mis de parole
seulement, comme vous, Monsieur le Commen-
tateur : Car ces mots pour auoir suiuy le conseil des
ieunes, supposent beaucoup d'autres crimes, que
nous deuons taire, ainsi que Dieu nous le commande, à cause de la reuerence que nous deuons à
la Maiesté Royale, & ce que ie viens de dire, ne
conclut pas pour cela, qu'il ne fut le maistre absolu du peuple, veu qu'il ne fut demis de sa Royauté,
que parce que Dieu l'auoit ordonné de la sorte, &
puis que c'est luy seul qui à le droit de les élire, c'est

à luy seul à qui il apartiét le droit de les deposseder,
c'est vne grace que les sujets doiuent attendre de
sa Prouidence infinie. Ieremie nous asseure que le
chastiment du Seigneur, declare les pechez des
hommes. Si cela est, comme il n'en faut pas dou-
ter, qui peut dire que les desordres qui nous sont
arriuez, & que les mal-heurs qui nous menacent
encore, ne nous soient pas enuoyez de Dieu, qui
change bien souuent le cœur des Souuerains, pour
nous punir des impietez du peuple. Les 21. 22. 23.
& 24. Vers. du 12. Chapitre qui est au 3. Liure des
Rois, font bien voir clairement, que c'estoit vn
decret absolu de celuy qui peut toutes choses, veu
que Roboam auoit cent quatre-vingt dix mille
hommes, pour remettre ceux qui l'auoit chassé, &
qui auoient assommé son Sur-Intendant, & dans la
raison & dans l'obeïssance, s'il n'eust reçeu vn or-
dre exprez du Souuerain Seigneur de l'Vniuers, de
ne le pas faire. De sorte que quand il plaira à sa Diuine Majesté, que ce que vous desirez auec tant de
passion arriue, elle sçaura bien trouuer les moyens
d'en venir à bout, sans que vous, ny plusieurs autres criminels de vostre espece, se mettent en peine d'anticiper sur les droits d'vne authorité inde-
pendente, comme la sienne. La reuolte de Ieroboam contre Salomon, fut faite encore par l'or-
dre de ce puissant maistre des Roys & des Empires,
non pas pour chose legere, comme vous dites, mais
pour auoir abandonné Dieu, pour s'estre rendu
idolatre à la suscitation des femmes, si c'est peu

de chose à voftre conte, ie ne fçay pas ce qu'il faut
faire pour offencer vne diuinité fi facrée & fi ialou-
fe de fa gloire que la fienne. Ne leur ayant infinué
la rigueur & la tyrannie, que pour les diuertir de
leur deffein d'auoir vn Roy, à caufe des excez que
telles perfonnes ont accouftumé d'exercer fur les
peuples, pour dire ne leur ayant fait entendre, ou
ne leur ayant reprefenté la tyrannie & le refte: à
caufe des excez que telles perfonnes, n'eft-ce pas
la parler auec honneur, auec refpect, d'vne Majefté fi facrée, que celle des Princes. C'eft vn crime
Monfieur l'ignorant, qui merite vne punition
exemplaire.

Et pour ce qui eft defdits paffages que confef-
fez n'entendre, i'en fais iuges meffieurs les Caua-
liers de Neptune, & le grand Confeil d'Atlas vos
voifins. Enfin fans prendre garde à voftre façon de
parler, tant ie fuis rebuté de vous entendre iafer de
s'y mauuaife grace, ie vous diray fi ces meffieurs
fçauoient voftre demeure & voftre nom, qu'ils ne
manqueroient pas d'aller chez vous, chargez de
leurs marques d'honneur, fans vous donner la peine de venir chez eux, pour iuger de nos differens,
afin de vous apprendre à parler des Roys, auec vne
veneration plus refpectueufe.

Quand à l'Enigme, Monfieur le Pedent, il fait
bien voir que vous n'eftes qu'vn Afne, qu'vn fedi-
tieux, & qu'vn homme confacré aux mauuais efprits, qui vous fouflent aux oreilles.

Pour mon nom & ma demeure, vn Gentil-hom-

me de mes amis, en fut instruire vostre Imprimeur,
à dessein d'apprendre le vostre.

Et pource que vous ne voulez pas approuuer que
les hommes puissent remettre les pechez, sçachez
s'il vous plaist, que le Prestre est le veritable Lieu-
tenant de Dieu en terre, & qu'il est tellement vn,
auec son createur, par la vertu de sa dignité Sacer-
dotale, que son authorité souueraine, veut abso-
lument qu'il puisse seruir de moyen entre Iesus-
Christ & ses creatures, afin qu'en cette qualité il
ait la puissance de iuger & d'absoudre, & mesmes
de remettre en son nom, toutes sortes de crimes,
de quelque nature qu'ils puissent estre, qui est à
n'en point mentir, la veritable clef, auec laquelle
ce digne Souuerain, nous fait vne suffisante ouuer-
ture de la beatitude Eternelle. Receuez le S. Esprit,
dit ce veritable Soleil de Iustice à ses Apostres, lors
qu'il les fut trouuer apres sa Resurrection, à tous
ceux ausquels vous remettrez les pechés, ils leurs
seront remis : & à quiconque vous les retiendrez,
ils seront retenus. Apres cela vous ne voudriez pas
qu'il y ait que Dieu seul qui puisse remettre les pechez des hommes, puis que sa Diuine bonté a cedé
ceste grace à tous les Ecclesiastiques du monde,
successiuement des vns aux autres, & à cause que
personne ne les peut remettre à vostre conte, &
que Dieu veut la guerre, parce que vous la voulez,
à quel prix que ce soit, & qu'il attend la vengeance
de la main de ceux qu'à cette fin il a establis, & à
leur deffaut, de celle des peuples, vous deuriez
estre

puny côme vn impofteur de fa Sainte & Sacrée parole, comme vn criminel de leze Majefté, & comme vn perturbateur de la tranquilité publique.
Les exemples que vous raportez de Phinées, & des
Ifraëlites, fuffiroit affez pour vous faire brufler
tout vif fi l'on vous faifoit iuftice, à caufe de l'abominable application que vous en faites, & fi le paffage que ie rapporte du 8. chap. de l'Ecclefiafte, ne
s'entend que contre les peruers, ie vous confeille
de prendre garde à voftre perfonne; car le Prince
ne porte point de glaiue fans caufe, ce que vous
trouuerez iuftement au deffous de *Nam Principes
non funt timori boni operis, fed mali.* Duquel paffage
vous tirez vne confequence auffi pernicieufes, que
l'efprit de celuy qui veut faire parler l'Efcriture,
de la mefme façon que les Demons font parler le
plus deteftable de tous leurs complices, & pour
comble de fa reprobation eternelle, il veut que
les Roys & les Papes foient depofez, s'il ne font
les chofes comme bon luy femble. En fin tout le refte de cette fection eft fi odieux & à Dieu & aux hô-
mes, qu'il vaut mieux le paffer fous filence, que de
luy refpondre. Tant y a, dit il, en la fuiuante, que
vous deuez fçauoir que l'Efcriture Sainte, enfeigne
que ceux qui communiquent aux mauuais def-
feins des autres, font dignes de la mefme animad-
uerfion qu'eux: & de maintenir, flatter, extoller
& adorer les plus pernicieux, abominables, & im-
pies qui foient fur la terre, comme celuy que fou-
ftenez en ce point fait, qui deuroient auec leurs

H

Dieux estre en cendres. Ne continuë t'il pas encore à confirmer de sa propre bouche, le iugement
que ie viens de faire de sa personne? Que peut on
dire dauantage, pour obliger le Ciel & la terre à
conspirer la perte d'vn homme si indigne de viure.
Les Demons qui doiuent estre éternellement pu-
nis, ont-ils iamais commis tant de crimes? la iustice Diuine, souffrira-t'elle long-temps auec impu-
nité, vn esprit si execrable à toute la nature? N'est-
ce pas là vn de ceux dont parle Dauid au Pseaume
13. & au Pseaume cinquante-deuxiesme? N'est ce
pas là vn de ces fols, qui dit en son cœur qu'il ny a
point de Dieu, & qui fait horreur à tout l'Vniuers,
à cause du nombre infiny des iniquités qu'il a com-
mises. Son gosier est vn sepulcre ouuert à tous les
blasphemes des enfers : & il fait frauduleusement
couler de sur sa langue vn venin d'aspic, qui cor-
rompt toutes ses leures. Toute sorte de maledi-
ctions sont en ses voyes, parce qu'il n'a pas connu
celle de la paix, ny la volonté de celuy qui doit iuger cette engeance infernale. Si Diagoras & Theo-
dorus n'eussent pas vescu en des sentimens de pa-
reille nature, le feu qui les brusle sans les purger de
leurs offence, s'employeroit peut-estre en faueur
de quelqu'autre victime.

Plutarque au traité qu'il a fait de la malice d'He-
rodote, remarque les effets que ce vice produit,
par le moyen de celuy qui est taché de ce crime. Ce
que ie remarque pareillement dans les libelles de
nostre nouueau Philosophe. Car qui considerera

attentiuement les chofes qu'il y traite, il trouuera
que ce ne font que des inuectiues & des blafphe-
mes contre les Oints du Seigneur, contre les Re-
geans, & côtre les Miniftres des affaires de la Mo-
narchie. Point de mefchant, point de Roy, dit-il,
car il feroit inutile. Le droit des gens doit preualoir fur toutes chofes: & les Roys monfieur, ne font
ils pas de ce nombre, & encore de ceux que nous y
deuons tenir pour les plus confiderables. Ie vous
laiffe à penfer de quel efprit peut eftre pouffé vn
homme qui nous raporte pour toute conclufion,
l'horrible attentat commis en la perfonne, de tres
Illuftre memoire, le feu Roy d'Angleterre.

FIN